AU PIANO

PAR

CHARLES GUYOT,

CAPITAINE D'ARTILLERIE.

> Fille aimable de la Folie,
> La Chanson naquit parmi nous
> De Béranger.

GRENOBLE,
IMP. MAISONVILLE, RUE DU PALAIS.

1856.

AU PIANO.

AU PIANO

PAR

CHARLES GUYOT,

CAPITAINE D'ARTILLERIE.

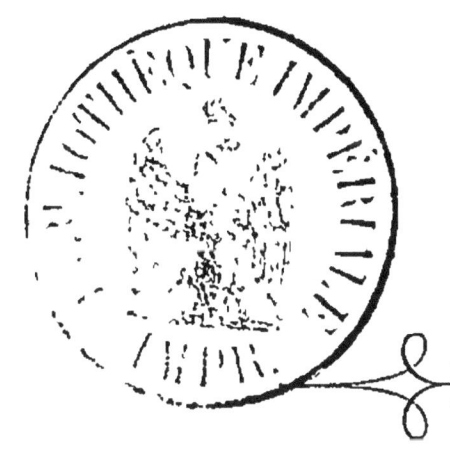

> Fille aimable de la Folie,
> La Chanson naquit parmi nous.
> DE BERNIS.

GRENOBLE,
IMP. MAISONVILLE, RUE DU PALAIS.

1856.

Monsieur,

Le hasard a fait tomber entre mes mains un volume de poésies dont vous êtes l'auteur. J'y ai lu avec grand plaisir, entre autres pièces, celle qui a pour titre : COUPLETS SANS AIR ; elle commence par ce vers :

Sur les bords de la Romanche, etc.

Nous avons essayé, plusieurs de mes amies et moi, d'en faire la musique, et nos efforts n'ont pas été infructueux. Nous espérons, Monsieur, qu'un nouveau volume suivra bientôt ENCORE UN; nous l'attendons avec impatience, persuadées que nous y trouverons, en plus grand nombre que dans le précédent, des sujets à mettre en musique.

Pourquoi ne pas faire un volume exclusivement composé de chansons et romances?

Si vous tenez compte de nos désirs, vous ferez une chose très-agréable aux Dames qui, comme mes amies et moi, s'occupent de musique avec ardeur, pour ne pas dire avec passion!

Recevez, etc.

Louise D.....

Telle est la singulière lettre que je reçus en septembre dernier, au moment où j'allais livrer à l'impression mon quatrième recueil de *sornettes*.

Faire un volume de chansons et romances..... Y songez-vous, Mesdames!

Autant vaudrait m'engager à prendre la lune avec les dents. J'ai essayé, dans mes premiers volumes, quelques couplets.....: leur médiocrité me prouve que je ne réussirai jamais dans ce genre.

Cependant, puis-je refuser quand ces Dames me prient?

« L'honneur parle, il suffit; ce sont là nos oracles. »

J'ai donc fait, à bâtons rompus, le plus mauvais, sans contredit, de tous mes livres, celui que j'offre en ce moment à des lecteurs amis.

Ce qui me rassure un peu, c'est que les vers destinés à être mis en musique souffrent plus volontiers la médiocrité que ceux qui ne sont faits que pour être lus.

La musique fait *passer* les paroles, et souvent même les fait oublier. . . . .
. . . .

Si je n'ai pas réussi, Mesdames, que cette

affreuse poésie retombe sur vous....! Si, ce que je n'ose espérer, ces couplets trouvent parmi vous sympathie et bon accueil, je n'ai plus, en me rengorgeant, qu'à vous crier........ **Au Piano !**

JE SENS QUE JE VOUS AIME.

Je ne vous aime plus : vous êtes trop volage !
A tous les jeunes gens vos regards langoureux
Semblent, à chaque instant, donner un nouveau gage.....
Votre légèreté me rend trop malheureux !
Si j'ai promis souvent, jusqu'à l'heure suprême
De vous garder un cœur sincère, pur, aimant,
Je veux vous oublier, j'en ai fait le serment.....
Et pourtant, malgré moi, je sens que je vous aime !

Pourquoi dire toujours : « Je suis fraîche et jolie ;
« L'avenir est à moi, car je n'ai pas vingt ans..... »

AU PIANO.

L'avenir est à vous, enfant! quelle folie!
L'avenir n'est qu'à Dieu : Dieu qui donne au printemps
Ces ravissantes fleurs, le trop fidèle emblème
D'un éclat qui demain peut descendre au cercueil!
Je ne veux plus vous voir; vous avez trop d'orgueil.....
Et pourtant, malgré moi, je sens que je vous aime!

Je vous disais, un jour : « Adorable Eugénie,
« Votre cœur est-il sourd à la voix de mon cœur? »
Et, courbé sous le poids d'une horrible agonie,
J'attendais mon arrêt; quand vous, d'un ton moqueur :
« Des plus brillantes fleurs, c'est le parfum que j'aime!
« Bals, parures, concerts..... sont mes uniques dieux! »
De ce jour, votre nom me devint odieux.....
Et pourtant, malgré moi, je sens que je vous aime!

A l'aspect du malheur, on vous surprend rieuse;
C'est mal....! Aux indigents en aide il faut venir :
Donnez, donnez souvent....! soyez bonne et pieuse!
De nos actes, au Ciel, Dieu garde souvenir!

AU PIANO.

De vous il faut qu'on dise : « Elle est la bonté même ! »
Pour que vous trouviez place au céleste séjour :
Votre cœur est resté bien dur jusqu'à ce jour.....
Et pourtant, malgré moi, je sens que je vous aime !

De grâces et d'attraits quel plus parfait modèle !
Dieu vous a donné tout : Un sourire vainqueur,
Une bouche de rose et des yeux de gazelle ;
Tout en vous est parfait..... tout..... excepté le cœur !
Devant votre froideur, votre égoïsme extrême,
J'ai résolu cent fois de ne plus vous chérir ;
De mon amour pour vous je voudrais me guérir.....
Et pourtant, malgré moi, je sens que je vous aime !!!

AU PIANO.

NE VENEZ PAS.

—

Ne venez pas, si vous devez me dire
Qu'une autre a su mieux que moi vous charmer ;
Ah ! par mes pleurs laissez-vous désarmer !
Si vous devez prolonger le martyre
D'un cœur pour vous qui tendrement soupire.....
   Ne venez pas !

Ne venez pas, si votre cœur m'oublie ;
Si vous avez fait un nouveau serment !
Ne venez pas, si votre bouche ment,
Si je parais à vos yeux moins jolie !
Par d'autres nœuds si votre foi se lie....
   Ne venez pas.

AU PIANO.

Ne venez pas, si votre ardente ivresse
D'un chaste amour méconnaît la douceur !
Je ne veux être à vos yeux qu'une sœur ;
Je ne veux pas d'impudique tendresse !
Si vous cherchez en moi votre maîtresse.....
      Ne venez pas !

AU PIANO.

LA LUNE DE MIEL.

COUPLETS QU'ON PEUT CHANTER A BEAUCOUP DE NOCES.

—

C'est aujourd'hui grand jour de fête :
Quel bonheur pour ces deux amants!
C'est aujourd'hui que l'on répète
Mille promesses et serments.
De s'aimer toujours on se jure,
En prenant à témoin le Ciel.....
Mais dans ce siècle, hélas! nous savons ce que dure
Le temps de la lune de miel!

On promet d'éviter le blâme,
De fuir maîtresses et plaisirs ;

AU PIANO.

On sera sage, et de sa femme
On suivra les moindres désirs.
En horreur on a l'imposture;
On est tout sucre, on est tout miel....
Mais dans ce siècle, hélas! nous savons ce que dure
Le temps de la lune de miel!

On veut être simple et modeste,
Ne rien acheter sans raison :
Plus de toilette..... on la déteste!
On n'aura, pour chaque saison,
Qu'une très-mesquine parure,
Rien de trop hors l'essentiel.....
Mais dans ce siècle, hélas! nous savons ce que dure
Le temps de la lune de miel!

Dès le début, on est tout flamme,
Chez soi l'on reste nuit et jour;
On ne veut plus quitter sa femme,
On ne lui parle que d'amour.

AU PIANO.

Pour écouter sa voix si pure,
On lui fait cadeau d'un Pleyel...... (1) ;
Mais dans ce siècle, hélas! nous savons ce que dure
Le temps de la lune de miel !

On sera toujours bonne épouse,
A ses devoirs on tient très-fort ;
On se montre triste et jalouse
Quand pour affaires Monsieur sort :
« Si tu savais ce que j'endure
« Loin de toi, mon cher Gabriel....! »
Mais dans ce siècle, hélas! nous savons ce que dure
Le temps de la lune de miel !

Nulle dispute n'est possible :
Monsieur jamais ne boudera ;

---

(1) Pleyel (Ignace) naquit en 1757, à Rupperstahl, non loin de Vienne (Autriche). Il fut le premier élève du célèbre Haydn. Arrivé à Paris en 1796, il se fit éditeur de musique et, bientôt après, facteur de pianos.
Pleyel est mort à Paris, en novembre 1833.

AU PIANO.

D'ailleurs, n'étant pas irascible,
Toujours Madame cédera.
Jamais critique ni censure,
Jamais aigreur, lutte ni fiel.....
Mais dans ce siècle, hélas! nous savons ce que dure
Le temps de la lune de miel!

Le jour où le contrat se passe,
Sur tous les points on est d'accord;
On signe tout de bonne grâce :
A voir un si parfait accord,
Oserait-on croire au parjure,
Au moindre péché véniel...?
Mais dans ce siècle, hélas! nous savons ce que dure
Le temps de la lune de miel!

AU PIANO.

BOUCHE ROSE ET BLANCHES DENTS.

—

Chantez, amants, de vos maîtresses
Le pied mignon, les jolis yeux;
Célébrez de leurs beaux cheveux
Les longues et soyeuses tresses,
Un front des rides respecté.....
Moi, je préfère à toute chose,
Dans une bouche fraîche et rose,
Les blanches dents d'une beauté.

Vantez l'éclat d'une parure,
Chantez dans vos vers les plus doux

AU PIANO.

Les souvenirs d'un rendez-vous,
Les parfums d'une gorge pure,
Une main fine aux doigts polis.....
Moi, je préfère à toute chose,
Dans une bouche fraîche et rose,
Des dents plus blanches que le lis.

Aimez-vous un visage ovale?
Aimez-vous un piquant minois?
Aimez-vous une douce voix,
Du rossignol digne rivale?
Si, dans les femmes, tout vous plaît.....
Moi, je préfère à toute chose,
Dans une bouche fraîche et rose,
Des dents plus blanches que le lait.

Aimez-vous, sur un bras d'ivoire,
Un bracelet de diamants?
Aimez-vous les chastes serments
Redits pendant une nuit noire?

AU PIANO.

Serments, hélas! bien mal tenus.....
Moi, je préfère à toute chose,
Dans une bouche fraîche et rose,
Les blanches dents d'une Vénus.

Un col d'albâtre est, je l'avoue,
Une merveille! On aime à voir
L'arc velouté d'un sourcil noir,
Une fossette à chaque joue,
Lèvre vermeille et doux souris.....
Moi, je préfère à toute chose,
Dans une bouche fraîche et rose,
Les dents si blanches des houris.

AU PIANO.

LA PAUVRE ENFANT.

—

Devant le seuil de sa chaumière,
La pauvre enfant disait tout bas :
« Si j'étais la jeune héritière
« Du beau castel qu'on voit là-bas ;
« Si j'avais honneurs et richesse,
« Si la couronne de duchesse
« Brillait sur mon front radieux,
« Je serais partout la première,
« Et Madeleine la fermière
« Devant moi baisserait les yeux ! »

AU PIANO.

Près de la bergère envieuse
Passe un seigneur vêtu de noir :
« La belle enfant fraîche et rieuse,
« Veux-tu venir dans mon manoir ?
« Au lieu d'une robe de bure,
« Tu porteras riche parure ;
« Les diamants, de tes cheveux
« Feront jaillir mille étincelles ;
« Tu seras belle entre les belles.....
« Je pars ; veux-tu venir ?
      — Je veux ! »

Sur un palefroi si rapide,
Que l'aigle en serait devancé,
A travers une plaine aride,
Le couple heureux s'est élancé.
Par un prodige inexplicable,
Tout-à-coup, au milieu du sable,
Surgit un manoir inconnu :
« Voilà le castel où j'amène
« Ma tout aimable châtelaine... »
Dit à la belle l'inconnu.

AU PIANO.

Quand la nuit eut couvert la plaine,
Poussant devant eux leurs troupeaux,
Les pâtres virent du domaine
S'illuminer tous les vitraux.
Parfois, leur oreille attentive
Entendait une voix plaintive;
Parfois aussi, l'écho des monts
Redisait d'affreux anathèmes...
Tels sont les cris et les blasphèmes
Que font entendre les démons.

Le lendemain, quand parut l'aube,
Les laboureurs épouvantés
Trouvèrent, épars, d'une robe
Quelques lambeaux ensanglantés;
Mais du castel, plus un vestige...
On s'étonnait de ce prodige,
Quand ce cri retentit trois fois :
« Mieux vaut vertu dans l'indigence
« Que déshonneur dans l'opulence!
« C'est Dieu qui parle par ma voix. »

AU PIANO.

AU DIABLE MON MARI !

—

A tout moment j'entends ses cris :
Il faut qu'il peste, il faut qu'il gronde ;
C'est bien le pire des maris !
Son pareil, à coup sûr, n'existe pas au monde !
Convenez que j'eus du guignon
Lorsque je donnai ma parole
De rester fidèle à ce drôle...
Au diable le vilain grognon !

Si vous chantez : « C'est ennuyeux ;
« On entend chanter à toute heure ! »
Si vous pleurez : « Séchez vos yeux ;

AU PIANO.

« On n'entend que pleurer, dit-il, dans ma demeure ! »
    Avec lui l'on a toujours tort :
    Quand il dit noir, noir il faut dire ;
    S'il rit, aux éclats il faut rire...
    Au diable le vilain butor !

    Si vous toussez avec effort,
    C'est un signal... il vous surveille !
    Si vous éternuez trop fort,
Il se plaint qu'on l'agace, et se bouche l'oreille.
    Un homme a-t-il les yeux sur vous ?
    Pour éviter une tempête,
    Il faut ailleurs tourner la tête...
    Au diable le vilain jaloux !

    Quand j'ai besoin de vêtements,
    Ce qui chez moi pourtant est rare,
    Il faut ouïr les hurlements,
Il faut voir la fureur de mon stupide avare !
    Il se ferait rompre le cou

AU PIANO.

Plutôt que d'offrir un centime !
Demander de l'argent... quel crime...!
Au diable le vilain grigou !

Il aime à bien manger de tout,
De tout il lui faut bonne dose ;
La bonne chère est de son goût,
Pourvu que le gala lui coûte peu de chose !
Jamais, au grand jamais, vit-on
Un gourmand plus insupportable !
Il passerait ses jours à table...
Au diable le vilain glouton !

D'un tel époux, on le comprend,
Je ne me montre pas très-fière ;
Parfois, un grand désir me prend
D'aller finir mes maux au fond de la rivière !
Je fais volontiers le pari
Qu'il n'est pas dans l'espèce humaine,
Un mortel plus digne de haine...
Au diable le vilain mari !

AU PIANO.

LA PERLE DE GRENOBLE.

—

Est-elle riche? est-elle noble?
Quel est son rang? quels sont ses traits?
Quelle est la Perle de Grenoble?
Je vais vous peindre ses attraits :
Elle a, jeune encor, svelte et grande,
Taille de guêpe et blanche peau;
Ses grands yeux, fendus en amande,
Ont l'azur du ciel le plus beau...

Par sa beauté, simple bourgeoise,
Elle a conquis un tel renom,
Qu'elle a mérité le surnom
    De Perle grenobloise!

AU PIANO.

Elle est modeste en sa parure,
Le faux lui paraît odieux :
Elle tient tout de la nature.
Cet éclat qui charme nos yeux,
Ce port de reine qu'on admire,
Ce sein que l'art ne souille pas,
Cette fraîcheur, ce fin sourire...
Tout est bien vrai dans ses appas.

Par sa beauté, simple bourgeoise,
Elle a conquis un tel renom,
Qu'elle a mérité le surnom
  De Perle grenobloise !

Rassemblez-vous sur la Terrasse (1);
Allez, impudiques beautés,

---

(1) La Terrasse est une des promenades de Grenoble ; le dimanche, il y a foule. La bonne société s'y donne rendez-vous pour écouter la musique militaire. Il est fâcheux, disent les dames qui se respectent, qu'on y soit fréquemment coudoyé par des femmes de bas étage.

AU PIANO.

Allez produire avec audace
Des appas à l'art empruntés !
Pour nous enchaîner, horde infime,
En vain vous sortez de l'égout...
Près de la Perle qu'on estime,
Vous n'inspirez que le dégoût !

Par sa beauté, simple bourgeoise,
Elle a conquis un tel renom,
Qu'elle a mérité le surnom
    De Perle grenobloise !

Si j'en crois le moderne Homère,
Milton, l'auteur du *Paradis*,
Du genre humain l'aimable mère (1),
Que le Serpent trompa jadis,

---

(1) She, as a veil, down to the slender waist,
Her unadorned golden tresses wore
Dishweld' d.....
                MILTON.

Eve porte comme un voile sa chevelure d'or qui descend, épaisse et sans ornement, jusqu'à sa ceinture déliée.

AU PIANO.

Avait les cheveux blonds... Comme elle,
La Perle qu'on vante en ces lieux,
Celle qu'on trouve la plus belle,
A les cheveux blonds et soyeux.

Par sa beauté, simple bourgeoise,
Elle a conquis un tel renom,
Qu'elle a mérité le surnom
   De Perle grenobloise!

Les traits aigus de l'imposture
N'ont jamais atteint sa candeur;
La voix haineuse de l'injure
N'a jamais flétri sa pudeur;
La vertu brille en son sourire;
Son cœur est pur jusqu'à ce jour;
Jusqu'à ce jour, nul ne peut dire :
« Je suis heureux de son amour! »

Par sa beauté, simple bourgeoise,
Elle a conquis un tel renom,
Qu'elle a mérité le surnom
   De Perle grenobloise!

AU PIANO.

Pour le malheur, pour la détresse,
Elle a toujours des mots touchants;
Son cœur, vrai trésor de tendresse,
N'est pas fermé même aux méchants :
Autant que belle on la dit bonne;
Elle a calmé bien des douleurs...
Quand sa main ne fait pas l'aumône,
Sa voix, au moins, sèche les pleurs!

Par sa beauté, simple bourgeoise,
Elle a conquis un tel renom,
Qu'elle a mérité le surnom
   De Perle grenobloise!

AU PIANO.

MA PAUVRE MÈRE.

—

A l'heure où la verte colline
D'un naissant éclat s'illumine ;
Quand, du flambeau divin resplendissant faisceau,
Les feux dorent l'azur du limpide ruisseau ;
De ses rayons pressés quand le soleil éclaire
Le front du chêne séculaire...
Tout doucement, ma pauvre mère,
Chaque matin, venait auprès de mon berceau.

Rendez-moi, doux Jésus, l'ange qui sous son aile
M'abritait, pauvre enfant ;
Redonnez-moi ma mère, ou souffrez qu'auprès d'elle
J'aille encor bégayer votre nom triomphant !

AU PIANO.

    Sur les flots qui baignent le sable,
    Comme une veuve inconsolable,
Quand la nuit étendait son grand voile de deuil,
Cachant aux matelots le redoutable écueil,
Après avoir au Ciel adressé sa prière,
    Pieds nus, sans bruit, ma pauvre mère,
    De ma chambrette... sans lumière,
Pour m'écouter dormir, s'avançait jusqu'au seuil.

Rendez-moi, doux Jésus, l'ange qui sous son aîle
    M'abritait, pauvre enfant;
Redonnez-moi ma mère, ou souffrez qu'auprès d'elle
J'aille encor bégayer votre nom triomphant!

    Comme auprès du ruisseau limpide,
    La fleur penche son urne avide,
Pour boire avec ardeur les pleurs du flot mouvant;
Comme sur le vieux chêne où, se riant du vent,
La fauvette se penche, et d'une aile légère
    Couvre sa famille si chère;
    Ainsi, vers moi, ma pauvre mère,
Pour me baiser au front, se penchait bien souvent.

AU PIANO.

Rendez-moi, doux Jésus, l'ange qui sous son aile
     M'abritait, pauvre enfant;
Redonnez-moi ma mère, ou souffrez qu'auprès d'elle
J'aille encor bégayer votre nom triomphant!

    Un jour, on me mit sur sa couche:
    Je sentis sa brûlante bouche,
Son œil devint hagard..... Je fus rempli d'émoi!
Mais elle, m'attirant : « Viens encor près de moi;
« Une dernière fois, qu'en mes bras, je te presse!
    « Faut-il, hélas ! que seul je laisse
    « Ce doux objet de ma tendresse...!
« Pauvre enfant, que le Ciel prenne pitié de toi! »

Rendez-moi, doux Jésus, l'ange qui sous son aile
     M'abritait, pauvre enfant;
Redonnez-moi ma mère, ou souffrez qu'auprès d'elle
J'aille encor bégayer votre nom triomphant!

    Le lendemain, d'un blanc suaire
    On recouvrit ma pauvre mère;

AU PIANO.

Dans un coffre de bois on enferma son corps...
Les prêtres du bon Dieu s'approchèrent alors.
Sur le front maternel on jeta l'onde sainte;
  Je les suivis hors de l'enceinte,
  Disant comme eux : « Elle était sainte !
« Prions Dieu, mes enfants, pour les âmes des morts ! »

Rendez-moi, doux Jésus, l'ange qui sous son aile
  M'abritait, pauvre enfant ;
Redonnez-moi ma mère, ou souffrez qu'auprès d'elle
J'aille encor bégayer votre nom triomphant !

AU PIANO.

TOHU-BOHU.

—

Des peuples, il faut l'avouer,
La conduite est bien étourdie !
Chacun d'eux me semble jouer
Une bizarre comédie !
Tantôt, entre eux ils vivent bien ;
Tantôt, prenant un nouveau rôle,
Ils se houspillent bel et bien ;
On donne, on reprend sa parole...
A ce gâchis, qui comprend rien ?

Au temps jadis, quand les beaux-arts
Etaient en pleine renaissance,

AU PIANO.

Des Turcs on vit les étendards
S'unir aux drapeaux de la France ;
A Rome, on parut fort surpris
D'un pacte avec les Infidèles,
Et contre le roi de Paris,
On vit le prince des fidèles (1)
Jeter hardiment les hauts cris !

En nos jours, comme en ce temps-là,
Le Turc de nos soldats raffole :
Sidi par ci, Sidi par là,
Chacun de nous est une idole !
Mais le Sépulcre... les Saints-Lieux !
Bast...! aujourd'hui, qui ne s'en moque ?
Combien pourtant de nos aïeux
Ont péri pour cette bicoque !
Mais alors on était pieux.

---

(1) Voir, au règne de François 1er, les murmures qu'excita dans l'Europe chrétienne l'union de ce prince avec le sultan Soliman II. Le Pape Léon X en fut surtout fort irrité.

AU PIANO.

Naguère, on a vu les turbans
Sur les Grecs se ruer en masse;
Français, Anglais, sur ces forbans (1)
Soudain nous fîmes tous main basse !
Mais, à présent, nous sommes las
D'entendre gémir sur Athènes !
Foin de la cité de Pallas !
Foin des discours de Démosthènes !
Vive les Turcs...! hélas...! hélas !

Il fut un temps où des Anglais
Le nom seul nous rendait malades (2);
A cette heure, avec les Français,
Ils vivent en bons camarades :
Goddam ! répètent nos hâbleurs
Quand l'Anglais offre un verre à boire;

(1) C'est en 1827 que fut remportée sur les Turcs la victoire de Navarin, par les flottes combinées de la France, de l'Angleterre et de la Russie.
(2) Voir, dans l'histoire de France, les règnes de Charles VI et de Charles VII.

AU PIANO.

« Morpleu! baragouinent les leurs,
« Buvons à la reine Victoire!
« Buvons à l'aigle, aux trois couleurs! »

France et Russie, en ce moment,
Se causent maintes rudes peines ;
Demain, survienne un changement,
Et nous ferons trêve à nos haines ;
Mais il viendra d'un autre endroit
Sans doute quelque bonne guerre,
Et l'on ira, quittant son toit,
Expirer sur une autre terre
Pour la justice et le bon droit.

Il se pourrait qu'un beau matin,
Unis à l'autocrate russe,
Il nous plût de goûter le vin
De Monseigneur le roi de Prusse :
Mais combien nous serions déçus
Si, voulant prendre sa revanche,

AU PIANO.

L'Autriche alors nous courait sus;
Et si l'Anglais, passant la Manche,
A son tour nous tombait dessus!

Aujourd'hui nous sommes amis
Avec celui qui nous câline;
Demain nous serons ennemis
S'il nous fait plus mauvaise mine :
Ainsi, du jour au lendemain,
D'intérêts, comme de chemise,
On voit changer le genre humain;
Chacun prêche pour son Eglise :
Chacun pour soi... c'est le refrain!

AU PIANO.

SUR LE RIVAGE.

A Madame Eugénie G... R...

Dieu soit loué ! c'est une voile
Qu'à la lueur de cette étoile
Je vois s'avancer vers le port !
Dieu soit loué... c'est son navire !
O bonheur... encore il respire !
Merci, Seigneur... il n'est pas mort !

J'ai bien prié pendant l'orage,
Seule, à genoux sur le rivage !
J'ai bien pleuré, j'ai bien souffert !
Devant chaque vague écumante,
Pleine d'horreur et d'épouvante,
Je voyais un gouffre entr'ouvert.

AU PIANO.

Quand mille roulements funèbres
Retentissaient dans les ténèbres;
Quand mon œil cherchait, éperdu,
Ce vaisseau qu'une nuit profonde
Lui dérobait au sein de l'onde...
Hélas, disais-je, il est perdu!

Quand au sein des vagues rapides
L'éclair jetait ses feux livides;
Quand sur l'écueil le flot lancé
Retombait en nappe d'hermine,
Un cri sortait de ma poitrine :
« Seigneur, sauvez mon fiancé! »

J'eus un moment d'affreux délire :
Il me semblait voir le navire,
Frappé par la foudre... s'ouvrir !
J'entendais une voix plaintive...
Et l'écho disait à la rive :
Je vais mourir... je vais mourir...!

AU PIANO.

Mais je renais à l'espérance,
Car cette voile qui s'avance
Porte le bonheur en ces lieux !
Tous les marins de l'équipage
Sont des enfants de cette plage...
Des pleurs vont mouiller tous les yeux !

Ah ! des agiles hirondelles
Si le Ciel me donnait les ailes,
J'irais, joyeuse, auprès de toi !
Vers toi j'irais d'un vol rapide,
Mon bien-aimé...! Que Dieu te guide...!
Que Dieu te ramène vers moi...!

Viens mettre un terme à ma détresse !
Vole... redouble de vitesse !
Viens... je t'attends, vaisseau chéri !
C'est lui... c'est lui... marche... courage...
Encore un effort...! Sur la plage,
Soudain retentit un grand cri !

AU PIANO.

Le lendemain de la tourmente,
On retrouva la jeune amante...
Son corps gisait inanimé !
Non loin, sur le rivage humide,
Etait une nacelle vide...
Celle du vaisseau bien-aimé !!!

AU PIANO.

AU CYGNE DE LA TERRASSE (1).

Cygne charmant, passe et repasse ;
Sur l'eau j'aime à te voir glisser !
Que j'aime à voir ton bec lisser
Ton col flexible et plein de grâce !
J'aime à te voir à tout moment,
Pour saisir chétive pâture,
Plonger au sein de l'onde pure...
Je t'aime bien, cygne charmant !

---

(1) Tout le monde, à Grenoble, connaît le cygne auquel s'adressent ces médiocres vers.

AU PIANO.

Cygne charmant, la jeune fille
Sur le bassin, d'un œil joyeux,
Suit tes mouvements gracieux
Et t'appelle auprès de la grille.
Ah! son amour fait mon tourment!
Je suis jaloux quand, brune ou blonde,
Chacune dit : « Beau roi de l'onde,
« Je t'aime bien, cygne charmant! »

Cygne charmant, l'enfant s'arrête
Devant toi, bondit de plaisir
Quand tu t'avances pour saisir
Le morceau de pain qu'il te jette ;
Quand sur le limpide élément,
Par bonds pleins de coquetterie,
Vers lui tu voles... il s'écrie :
« Je t'aime bien, cygne charmant ! »

Cygne charmant, la douce hermine,
La neige, un lis à peine éclos,

AU PIANO.

La blanche écume au sein des flots,
De ta parure blanche et fine
N'ont pas l'éclat certainement;
Ton corps est tout albâtre et soie;
Va, je suis fier que l'on te voie...
Je t'aime bien, cygne charmant!

Cygne charmant, chéri des belles,
Quand tu t'élances gracieux,
On dirait un ange des cieux
Qui fait mouvoir ses blanches aîles
Pour s'envoler au firmament.
Reste en ces lieux où l'on t'admire!
Es-tu donc las d'entendre dire :
« Je t'aime bien, cygne charmant! »

Cygne charmant, sur quel rivage,
Dans quelle île as-tu vu le jour?
Quel doux zéphyr, en ce séjour,
Caressa ton naissant plumage?

AU PIANO.

Quel lac d'azur te vit dormant
Sous l'aile d'une tendre mère?
Ah! que Grenoble te soit chère...
Nous t'aimons bien, cygne charmant!

AU PIANO.

UN HOMME

COMME ON EN VOIT BEAUCOUP.

—

Faut-il en chœur chanter l'ivresse ?
Faut-il chanter le dieu du vin ?
Faut-il rire de la tristesse ?
Faut-il dédaigner la sagesse ?
Faut-il se moquer des ennuis...?
   J'en suis !
Mais si, proscrivant la bombance,
Il faut prêcher la tempérance ;
S'il faut s'exposer au trépas
Pour obtenir de frais appas...
   Je n'en suis pas !

AU PIANO.

Faut-il tonner contre l'usure
Et bafouer les harpagons?
Fidèle aux leçons d'Epicure,
Faut-il, bannissant l'onde pure,
Passer à boire jours et nuits...?
   J'en suis!
Mais s'il faut amasser sans cesse,
Mettre en un sac pièce sur pièce,
Vivre d'oignons... triste repas!
   Je n'en suis pas!

Je t'attends, dit un camarade,
Viens avec moi dîner ce soir;
Nous aurons, avec la salade,
Une succulente grillade,
Bon dessert et bon vin de Nuits...
   J'en suis!
Mais quand un avare m'invite,
Je veux voir bouillir la marmite;
Du pain... de l'eau... quel triste cas!
Moi, pour si peu faire un seul pas...
   Je n'en suis pas!

AU PIANO.

Je suis fort bien dans ma soupente,
Dit le voisin, surtout l'été;
Là, personne ne me tourmente,
Je m'étends, je ronfle, je chante;
Loin de ma femme... heureuses nuits...
   J'en suis!
Mais quand je couche avec ma femme,
Et que pour ranimer ma flamme,
Elle me vante ses appas,
Je réponds : « Ma foi, je suis las...
  « Je n'en suis pas!»

―――

AU PIANO.

HÉLÈNE.

A ma nièce Valentine S.....

———

Voici la maison qu'elle habite :
La verdoyante clématite
S'attache aux murs qu'elle revêt ;
Voyez, de ses flexibles branches,
S'échapper ces grappes si blanches,
Soyeuses comme un fin duvet.

AU PIANO.

Devant cette claire fontaine,
Chaque matin, la jeune Hélène
Tresse en chantant ses longs cheveux ;
Du bon Jésus voici la mère,
C'est à ses pieds qu'en sa prière
La jeune enfant porte ses vœux.

Ce saule pleureur, qui se penche,
Abrite une aubépine blanche,
Dont la piété garde les fleurs ;
C'est là que gît sa bonne mère !
C'est là qu'en sa douleur amère,
Hélène vient verser des pleurs.

Point de brillants à sa toilette :
Le jasmin, l'humble violette
Parfument un sein vierge encor ;
Dans ses cheveux aux tresses blondes,
Le sorbier de ses perles rondes
Mêle l'éclat aux pompons d'or.

AU PIANO.

Dans ce jardin, roses vermeilles
Font les délices des abeilles
Et des petits oiseaux du ciel ;
De leurs odorantes cellules,
Les papillons, les libellules,
Avec bonheur, sucent le miel.

Sous ce berceau frais et paisible,
Le jasmin blanc grimpe, flexible,
A côté des convolvulus ;
C'est là souvent qu'elle s'incline,
Quand de la chapelle voisine
La cloche sonne l'*Angelus*.

Des peupliers de l'avenue,
Dont le sommet perce la nue,
Elle est la sœur ; car, dans ce lieu,
Ils furent plantés le jour même
Qu'on emporta, pour le baptême,
La jeune enfant aux pieds de Dieu.

AU PIANO.

Au doux printemps, sous la tonnelle
Quand vient la tendre Philomèle,
Cherchant le nid de ses aïeux,
Elle retrouve, chaude et nette,
Sa tant aimable maisonnette,
Et l'on entend ses chants joyeux.

Chantez, oiseaux : la jeune Hélène
A garni votre nid de laine ;
Chantez, oiseaux, ses tendres soins ;
Chantez sa bienveillance extrême :
Comme une mère elle vous aime...
Elle a prévu tous vos besoins.

Et quand le roi de la nature
Nous reprendra cette âme pure
Pour faire un ange radieux,
Sachez, fillettes du village,
Que c'est en restant toujours sage,
Qu'Hélène a mérité les cieux.

AU PIANO.

LES CŒURS DE TRENTE ANS.

———

Vingt ans... âge des douces chaînes,
Des parfums, des roses, des lis;
Age des rêves embellis,
Où le cœur ignore les peines ;
Age des vœux et des serments,
Le plaisir en vain vous inonde...
Sachez qu'en amour, dans ce monde,
Rien ne vaut un cœur de trente ans.

Vierge encore de tout naufrage,
Insoucieuse du danger,

AU PIANO.

« Mon cœur peut-il jamais changer ! »
Dit la jeunesse, avant l'orage :
Mobile comme les autans,
Vous changerez, c'est la coutume...
Un sincère amour ne s'allume
Jamais qu'en un cœur de trente ans.

Que rêve-t-on dans le jeune âge...?
Fraîcheur, beauté, bois et ruisseaux ;
On veut sur tous les arbrisseaux
Graver ces mots : « Jamais volage ! »
Ah ! supprimez, jeunes amants,
Ce JAMAIS, source de mensonges !
Avant trente ans on vit de songes...
On ne sait aimer qu'à trente ans.

Vous, dont je vois la barbe grise,
Le front ridé, le pied peu sûr,
Soyez franc... Avant l'âge mûr
N'aimâtes-vous qu'une Héloïse ?

AU PIANO.

Dites, vieillard aux pas pesants...
Ah! je comprends votre silence!
Il prouve bien que la constance
Est chose rare avant trente ans.

Qui n'a jamais vu mugir l'onde;
Qui n'a jamais vu, sur les mers,
Bondir au ciel les flots amers,
Croit que jamais la mer ne gronde!
Mais que les flots sont inconstants!
Cette mer agitée et folle,
De la jeunesse est le symbole...
On n'est fidèle qu'à trente ans.

AU PIANO.

UN JEUNE FAT.

—

S'il est des hommes fidèles,
Je le suis peu, Dieu le sait ;
La constance envers les belles
Ne sera jamais mon fait.
Grasse ou maigre, blonde ou brune,
Mon œil met tout en danger ;
J'en aime toujours plus d'une...
Mon bonheur est de changer.

Le sexe, dit-on sans cesse,
A tromper est fort enclin ;

AU PIANO.

Il est tout ruse et finesse,
Plus que nous il est malin.
Mais combien de ces perfides
Qui portent le cotillon,
Devant des hommes stupides,
Ont dû baisser pavillon !

Jusqu'ici, trente maîtresses
M'ont proclamé leur vainqueur ;
Toutes ont eu mes promesses,
Mais pas une n'eut mon cœur.
Si jamais, dix jours de suite,
Nulle n'a gardé sa foi,
Avec toutes je suis quitte...
Le plus sot ce n'est pas moi.

Aux dames voulez-vous plaire...?
Sachez mentir hardiment :
La phrase la plus vulgaire
Fait triompher un amant.

AU PIANO.

Sachez dire d'un air tendre :
« A vous mon cœur et ma main...! »
Toutes se laisseront prendre
A cet éternel refrain.

Les femmes sont versatiles
Et nous trompent chaque jour !
Eh bien ! montrons-nous habiles,
Trompons-les à notre tour :
Cédons la première manche ;
Mais, le Diable nous aidant,
Prenons bien notre revanche...
OEil pour œil et dent pour dent !

A CE SOIR!

Qui donc viendra ce soir...? Un grand trouble m'agite...
Tout à l'heure elle a dit, cette vieille maudite,
      En regardant ma main :
« A ce soir! à ce soir...! » Aussi, mon cœur palpite...
      Que ne suis-je à demain !

Il me semble encor voir son œil sanglant et louche !
Un sourire infernal sur sa hideuse bouche
      Par trois fois a passé !
Soudain j'ai frissonné... comme un enfant qui touche
      Un reptile glacé !

AU PIANO.

A ce soir! à ce soir...! Je crois encor l'entendre!
Quel malheur me menace, ou quel bien dois-je attendre...
   L'avenir est si beau!
Est-ce un arrêt de mort...? Ce soir dois-je descendre,
   Jeune et belle, au tombeau?

Au monde, à ses plaisirs, moi, si jeune, ravie,
Quand à peine j'entrais au printemps de la vie!
   N'est-il donc plus d'espoir?
Enfant...! La Bohémienne a raillé par envie...
   Qui donc viendra ce soir...?

Albert... Si c'était lui...! lui... je deviendrais folle...!
Je le verrais ce soir...! ce soir... douce parole...!
   Mon cœur est plein d'émoi!
Ce soir, il me dirait, penché sur mon épaule:
   « Toujours, toujours à toi!

AU PIANO.

« A toi, me dirait-il, ma douce fiancée,
« Dont j'ai gardé toujours au fond de ma pensée
   « Le touchant souvenir...! »
Mais hélas! je m'abuse et je suis insensée...
   Albert ne peut venir!

Anaïs... est-ce toi...? réponds! Dans la prairie
La tendre primevère, à mes yeux, s'est flétrie
   Cinq fois depuis le jour
Où je vis s'éloigner ma compagne chérie
   De ce triste séjour!

Elle ici... je m'abuse! Elle... quelle chimère!
Aux cantiques du Ciel, Anaïs et ma mère
   Mêlent leurs douces voix;
Dieu, naguère, enleva de ce monde éphémère
   Deux anges à la fois.

AU PIANO.

Bientôt minuit... j'ai peur... ma lampe est vacillante...
Un mal soudain m'oppresse, et ma tête est brûlante...!
   Sur mes yeux étendu,
Je sens un voile épais... Je suis faible et tremblante...
   Grand Dieu! qu'ai-je entendu...!

Non... rien.. c'est la douleur qui me rend trop crédule...!
Comme une lame ardente, en mes veines circule
   Un rapide poison...
Et je sens par degrés, sous ce feu qui me brûle,
   S'affaiblir ma raison...!

Grâce...! Je vais mourir... la douleur est trop forte...!
La mort vient... je la vois, pâle, au seuil de la porte...
   Loin d'ici...! loin d'ici...!
— Je t'ai dit : « A ce soir! » cria d'une voix forte
   Le spectre..., « me voici...! »

TOUJOURS, JAMAIS.

A celle que j'aime.

—

Oui, cette femme c'est ma vie,
Mon seul espoir, mon seul soutien!
La seule gloire que j'envie,
Le seul plaisir, l'unique bien
Qu'ici-bas je rêve sans cesse,
C'est de lui consacrer mes jours!
A toi mon cœur et ma tendresse...
      Toujours!

AU PIANO.

Qu'un séducteur au cœur perfide
Dise à son amante, tout bas :
« Je suis à toi, jeune sylphide,
« Je veux t'aimer jusqu'au trépas !
« A toi je rêve sans relâche,
« A toi mes vœux et mes souhaits...! »
Moi, jurer en vain comme un lâche...
        Jamais !

Etre loin de celle que j'aime,
C'est l'exil, c'est la mort... bien plus !
En être près... c'est le ciel même,
La douce ivresse des élus !
Le seul bien que de Dieu j'implore,
C'est qu'il bénisse nos amours !
 Aimons-nous... aimons-nous encore...
        Toujours !

Le jour où je serai parjure
Sera pour moi sans lendemain ;

AU PIANO.

Quand ma bouche a dit : « Je le jure ! »
Je suis fidèle ; c'est en vain
Qu'une autre femme jeune et belle
Voudrait m'imposer ses attraits !
Mon cœur peut-il être infidèle…?
        Jamais !

Des biens qu'on prise : honneurs, richesse,
Talents, renom… rien n'est à moi ;
Mais je possède sa tendresse :
Est-il rien qui vaille sa foi ?
L'ennui dans les grandeurs abonde ;
Que de chagrins au sein des cours…!
Dans ses bras, le bonheur m'inonde
        Toujours !

PRIÈRE.

Qu'elle me soit toujours fidèle !
Que le Seigneur, dans sa bonté,

AU PIANO.

Me fasse mourir avant elle
Et lui conserve la beauté!
Que sa voix murmure, affaiblie,
Au lit de mort : « Toi que j'aimais,
« Je pars... mais que mon cœur t'oublie...
  « Jamais! »

AU PIANO.

PAUVRE VERTU.

—

GOURMAND.

J'aime une table bien servie,
J'aime les mets les plus fameux ;
Des souverains ce que j'envie,
Ce sont leurs vins les plus fumeux.
En horreur j'ai la tempérance !
Toujours prêt à faire bombance,
Mon ventre n'est jamais battu...
Pauvre vertu, pauvre vertu,
    Où donc es-tu ?

AU PIANO.

AVARE.

Tout mon bonheur est dans ma caisse,
Mon seul amour... c'est mon trésor;
Matin et soir, pièce par pièce,
Je compte et recompte mon or;
J'estime peu la bonne chère,
Ma nourriture n'est pas chère,
Je suis très-simplement vêtu...
Pauvre vertu, pauvre vertu,
    Où donc es-tu?

SÉDUCTEUR.

Mon défaut, ma seule faiblesse,
C'est d'avoir le cœur inconstant;
Je suis volage, et de maîtresse
J'aime à changer à chaque instant.
Chacune à son tour m'entend dire :
« Vos beaux yeux, votre doux sourire
« M'ont dompté... je suis abattu...! »
Pauvre vertu, pauvre vertu,
    Où donc es-tu?

AU PIANO.

RICHE PARESSEUX.

J'ai grand'pitié de ce pauvre homme
Qui, pour un morceau de pain noir,
D'un bœuf, d'une bête de somme
Fait le travail matin et soir.
Grâce à ma ronde tirelire,
Je puis narguer qui vient me dire :
« Drôle, pourquoi toujours dors-tu? »
Pauvre vertu, pauvre vertu,
    Où donc es-tu?

HYPOCRITE.

Prenant Tartufe pour mon guide,
Le front baissé, la larme à l'œil,
Sous les dehors d'un cœur candide,
Je cache un hypocrite orgueil.
« Parle de vertu, dit Ignace (1) :

---

(1) C'est le fameux Ignace de Loyola, le créateur de l'ordre des Jésuites.

AU PIANO.

« Pour tromper rien n'est efficace
« Comme un mot cent fois rebattu... »
Pauvre vertu, pauvre vertu,
  Où donc es-tu?

L'AUTEUR.

Enfin, dans ce monde exécrable,
Où tout est vice et trahison,
Je vois partout régner le Diable,
Je sens partout son noir poison.
Et quand de prêcher je m'avise,
On me répond une sottise,
On me braille un turlututu...!
Pauvre vertu, pauvre vertu,
  Où donc es-tu?

AU PIANO.

LE PRINTEMPS.

A M. Leo Marnet (1).

Prends ton luth, joyeux trouvère,
J'ai revu la primevère
　　Dans les bois;
L'hiver fuit, plus de froidure :
Dans les champs tout est verdure...
Des oiseaux entends la voix.

---

(1) M. Leo Marnet est un jeune compositeur qui donne les plus brillantes espérances. Qui ne connaît son *Roi de Thule*, son *Adieu*, ses *Cigognes*...? Et ces perles ne sont pas les plus belles de son riche écrin.
Nous avons entendu quelques morceaux qui n'ont pas vu le jour encore, et qui seront certainement goûtés partout. Rien de plus frais, rien de plus gracieux que son *Ranz des vaches*, quoique le genre grave paraisse surtout

AU PIANO.

Ils célèbrent, sur les chênes,
De l'amour les douces chaînes;
    Sous les cieux,
Tout à l'envi les seconde;
Il n'est rien qui ne réponde
A leurs concerts gracieux.

Tout joyeux le mouton bêle
En voyant l'herbe nouvelle
    Du coteau;
Et l'hirondelle, au plus vite,
Revient au nid qui s'abrite
Sous l'ogive du château.

convenir au talent de l'auteur. Si nous jugeons des créations de M. Leo par l'impression produite, nous n'hésiterons pas à placer en première ligne le morceau des *Sapins*. Quelle grandeur, quelle majesté!

Interprété par une belle voix, ce morceau est ravissant.

Chantés dernièrement dans une réunion d'élite par M. L..., inspecteur du télégraphe, les *Sapins* ont excité un véritable enthousiasme.

Espérons que M. Marnet fera bientôt jouir de ses dernières productions un public qui sait les apprécier.

AU PIANO.

Pour combattre une rivale,
Voyez bondir la cavale,
    L'œil ardent;
Mais le coursier qu'elle appelle
N'a jamais à craindre d'elle
Ni le sabot ni la dent.

Au plus haut de la tourelle,
Les ramiers battent de l'aîle;
    Tout le jour,
Leur voix plaintive soupire,
Et leurs baisers semblent dire :
« Le bonheur est dans l'amour! »

Pour son amante timide
Le taureau franchit, rapide,
    Les sillons;
Mais auprès de la génisse,
De sa corne aiguë et lisse
Il retient les aiguillons.

AU PIANO.

Dans les prés où l'eau circule,
Voyez-vous la renoncule
    Toute d'or ?
Pour humer l'eau qui serpente,
La véronique rampante
Se renverse près du bord.

Pour sucer avec délice
Le doux miel qui les tapisse,
    Le matin,
Sur les fleurs l'abeille vole
Et, de corolle en corolle,
Elle achève son butin.

La mouche, à son tour, aspire
Les parfums que le zéphyre
    Prend aux fleurs ;
Et de la fraîche rosée
Dont la feuille est arrosée
Le papillon boit les pleurs.

AU PIANO.

A l'ombre, assis sous le hêtre,
Le berger, de son champêtre
  Chalumeau,
A l'écho redit sans cesse
L'air qu'aime tant sa maîtresse...
La plus belle du hameau.

Tout s'éveille, tout fredonne,
Tout gazouille, tout bourdonne;
  Dans les champs,
Où resplendit la verdure,
Dans les airs, dans l'onde pure...
Tout annonce le printemps.

AU PIANO.

MON CŒUR EST TOUT A VOUS.

—

Je l'ai juré, faut-il vous le redire?
Vous oublier, grand Dieu...! moi, vous haïr...!
Moi, me souiller d'un parjure et trahir
Celle pour qui tendrement je soupire...!
Plus de soupçons...! plus de transports jaloux...!
Comment pourrais-je aimer une autre belle...!
A mes serments, je veux rester fidèle...
Je n'ai qu'un cœur, ce cœur est tout à vous!

De mon amour pourquoi douter encore?
N'avez-vous pas des gages de ma foi?

AU PIANO.

Quoi! vous pourriez, vous éloignant de moi,
Briser un cœur qui toujours vous adore?
Vous souvient-il du premier rendez-vous?
C'est l'an dernier... Vous étiez moins rebelle...!
A mes serments je veux rester fidèle...
Je n'ai qu'un cœur, ce cœur est tout à vous!

Oui, l'an dernier, vous me disiez : « Je t'aime! »
Vous me disiez : « Je crois à tes serments! »
Nous répétions cent fois ces mots charmants :
« Restons unis jusqu'à l'heure suprême! »
Mais aujourd'hui vos regards sont moins doux,
Dans votre voix la froideur se révèle :
A mes serments je veux rester fidèle...
Je n'ai qu'un cœur, ce cœur est tout à vous!

C'est sans raison que votre cœur s'indigne...
Ah! rendez-moi l'azur de vos beaux yeux,
Ce doux sourire et ces mots gracieux...
De votre amour je me sens encor digne!

AU PIANO.

Que votre voix me répète : « Aimons-nous ! »
Je redirai, joyeux : « C'est encore elle ! »
A mes serments je veux rester fidèle...
Je n'ai qu'un cœur, ce cœur est tout à vous !

AU PIANO.

LE PRÉSIDENT D'UN CLUB DE CHIENS

A SES CONFRÈRES.

—

SÉANCE DU 25 DÉCEMBRE 1855.

Chers amis, voici le moment
Où, par décret, chaque caniche
Doit payer au gouvernement
Le droit de vivre dans sa niche :
Aidons le fisc de nos moyens ;
L'Etat, de son côté, nous prendra sous son aîle ;
Payons la cote personnelle
Comme d'honnêtes citoyens.

AU PIANO.

Contre l'impôt je ne dis rien :
Je trouve cependant fort drôle
Qu'on n'ait imposé que le chien,
Et qu'on ait rayé du contrôle
Les chats, ces coureurs, ces matois;
Cette engeance hypocrite, infidèle et friande,
Qui ne sait que vivre de viande
Et faire l'amour sur les toits.

Et les chevaux, peut-on savoir
Pour quel motif on les oublie?
Les exempter de ce devoir
Me semble une insigne folie.
En vain l'homme va répétant :
« Au labour, à la guerre, au village, à la ville,
« Le cheval partout est utile... »
Nous pouvons bien en dire autant.

Parlons d'abord du chien mouton :
Qui, mieux que lui, remplit son rôle?

AU PIANO.

Fidèle, actif et point glouton,
Que lui manque-t-il...? La parole.
Le singe est moins intelligent :
Un seul geste, un regard... il devine, il s'empresse...
En tous lieux il suit sa maîtresse
Comme un serviteur diligent.

Dites : « J'ai froid ! » soudain, Mouton
S'élance et va fermer la porte ;
Dites-lui : « Je veux mon bâton... »
Entre ses dents il vous l'apporte.
Faites exprès de laisser cheoir
Le mouchoir ou les gants... dites : « Cherche ! » sur l'heure
Il part, et rentre à la demeure
Avec les gants ou le mouchoir.

Demandez à chaque chasseur
Si, pour le chien courant qu'il aime,
Il ne donnerait pas sa sœur,
Tous ses parents, sa femme même !

AU PIANO.

Un tel fait ne me surprend pas :
L'homme a, parmi les siens, bien souvent plus d'un traître,
Tandis que le chien, de son maître
Reste l'ami jusqu'au trépas.

On connaît le chien du berger,
C'est un soldat qui toujours veille ;
Il accourt au moindre danger,
Contre les loups il fait merveille :
S'il en vient un près du troupeau,
Alléché par l'espoir de bien remplir sa panse,
Sur le voleur Farou (1) s'élance...
Mon pauvre loup, gare à ta peau !

Voyez le chien du régiment
Des conscrits faire le service ;
Il porte sac et fourniment.
On lui fait prendre à l'exercice

---

(1) Beaucoup de chiens de berger, dans le Midi, portent le nom de *Farou*.

AU PIANO.

Un vieux balai pour mousqueton ;
S'il fait mal, droit au mur, immobile, on le poste...
Il faut qu'il reste dans ce poste,
Sous peine d'avoir du bâton.

Il n'est pas jusques au roquet
Qui n'ait son rôle dans ce monde :
Si quelqu'un touche le loquet,
Il se dresse, il murmure, il gronde.
Il est choyé dans la maison :
Pour cet enfant gâté, quels soins, quelle tendresse !
Voyez les pleurs de sa maîtresse
Quand Azor a pris le poison !

Au marché, chacun le sait bien,
Quand on va faire ses emplettes,
On achète souvent du chien ;
Tantôt, ce sont des côtelettes ;
Tantôt, un gigot... Chaque mois,
On sert dans les hôtels, cent fois à table d'hôte,

AU PIANO.

Un beau bifteck, un entre-côte...
C'est du chien baptisé chamois.

Pour tous ces faits, mes bons amis,
Nous réclamons, c'est légitime,
Pour que les chevaux soient soumis
Comme nous à payer la dîme;
N'est-ce pas l'avis de vous tous ?
Nous réclamons encor, dans la même supplique,
Pour que l'ordonnance s'applique
A la famille des matous.

AU PIANO.

MENDIANTE ET PRINCESSE.

Pauvre orpheline abandonnée,
Je vis d'aumône et de pain noir !
Si près du trône j'étais née,
J'habiterais un beau manoir !
Au lieu de poursuivre, importune,
Le riche au cœur peu généreux...
Au sein d'une immense fortune
Je passerais des jours heureux.

On ne me verrait plus, livide,
Sous les haillons tendre la main ;

AU PIANO.

Ma voix ne dirait plus, timide :
« Un sou, Monsieur, soyez humain ! »
Mais de nos rois digne héritière,
Avec fierté je dirais : « Nous ! »
Et devant ma riche litière
Je verrais un peuple à genoux !

J'exciterais aussi l'envie,
J'entendrais dire aux pauvres gens :
« Heureuse doit être la vie
« D'une princesse de quinze ans !
« Pour égayer leur jeune reine,
« Des valets la suivent toujours...
« Chagrins et maux, douleurs et peines
« Sont inconnus au sein des cours ! »

Or, en ces lieux une princesse
En passant répondit ainsi :
« Cesse d'envier la richesse,
« Nos cœurs cachent plus d'un souci !

AU PIANO.

« En butte aux soupçons, à la haine,
« Nous perdons tout, jusqu'à l'honneur...
« Sous tes haillons, plus d'une reine
« Trouverait repos et bonheur...! »

AU PIANO.

SI VOUS M'AIMIEZ COMME AUTREFOIS.

—

L'an passé, vous vouliez m'entendre
Sans cesse chanter ce morceau ;
Vous le trouviez si doux, si tendre !
« Viens, disiez-vous, sous le berceau,
« Viens près de moi, chère Clémence,
« M'enivrer par ta douce voix...! »
Vous goûteriez encor cette romance,
Si vous m'aimiez comme autrefois !

Vous n'étiez pas encor perfide,
Vous me donniez des noms charmants :

AU PIANO.

J'étais un ange, une sylphide,
Un trésor...! Ainsi les amants,
Quand leur flamme est toute nouvelle,
Nomment celles dont ils font choix;
Pour vous encor je serais la plus belle,
   Si vous m'aimiez comme autrefois!

A vous entendre, aucune femme
N'avait mon pied, ma main, mon œil;
J'avais un cœur, j'avais une âme
A rendre un prince ivre d'orgueil!
Mais tant d'enthousiasme expire,
   Votre cœur échappe à mes lois...
Vous béniriez encore mon empire,
   Si vous m'aimiez comme autrefois!

Un regard, un geste, un sourire,
S'il ne s'adressait pas à vous,
Plongeait vos sens dans le délire...
Mais alors vous étiez jaloux!

AU PIANO.

Pour captiver ce cœur volage,
D'aimer ailleurs j'ai feint cent fois...
Vous montreriez encore un peu d'ombrage,
Si vous m'aimiez comme autrefois !

Ah ! vos soupirs calment ma peine,
Mes maux tombent devant vos pleurs !
Je suis ravie et sens à peine
Et mes ennuis et mes douleurs !
Votre repentir me console
Mon cœur sur vous reprend ses droits...
Je suis heureuse, et mon chagrin s'envole,
Si vous m'aimez comme autrefois !

AU PIANO.

AU BIVOUAC.

Victoire! Enfin nous les tenons,
Ces parapets inexpugnables;
Ils sont tombés sous nos canons!
Ces murs qu'on disait imprenables,
Par nos boulets sont renversés!
En vain nous parcourons la plaine,
Des vils Cosaques de l'Ukraine
Les escadrons sont dispersés!

Marchez encor, vaillante troupe;
Il faut frapper un plus grand coup :
Comme vos pères, à Moscou
Il faut aller manger la soupe!

AU PIANO.

Nous avons pris leurs ports de mer
Et coulé leurs vaisseaux sous l'onde !
Poudre, biscuit, bois, cuivre, fer,
Tout dans leurs magasins abonde !
D'être battu, le Russe est las,
Il fuit partout devant nos armes...
En vain les popes, dans les larmes,
Implorent leur saint Nicolas !

Marchez encor, vaillante troupe ;
Il faut frapper un plus grand coup :
Comme vos pères, à Moscou
Il faut aller manger la soupe !

La mort l'a surpris bien à temps
L'auteur cruel de cette guerre (1) :
S'il vivait encor dans les camps ;
S'il voyait, sur mer et sur terre,
De ses guerriers tomber la fleur ;
S'il voyait ses villes désertes...

(1) Le czar Nicolas.

AU PIANO.

Tant de désastres, tant de pertes
Le feraient mourir de douleur!

Marchez encor, vaillante troupe;
Il faut frapper un plus grand coup :
Comme vos pères, à Moscou
Il faut aller manger la soupe!

Du czar un vaillant rejeton
Devait soudain tout mettre en cendre;
Tremblez, Français! nous disait-on!
Où donc est-il, cet Alexandre
Qui doit nous mettre à la raison?
Peut-être d'une cour sauvage,
Il a déjà, suivant l'usage,
Subi le fer ou le poison!

Marchez encor, vaillante troupe;
Il faut frapper un plus grand coup :
Comme vos pères, à Moscou
Il faut aller manger la soupe!

AU PIANO.

Pourquoi toujours feindre et ruser,
Autriche? A quoi bon l'artifice?
Crois-tu longtemps nous abuser?
Il faut descendre dans la lice!
Veux-tu marcher sous les drapeaux
De la France et de l'Angleterre?
Veux-tu la paix, veux-tu la guerre?
Pourquoi nager entre deux eaux?

Marchez encor, vaillante troupe;
Il faut frapper un plus grand coup :
Comme vos pères, à Moscou
Il faut aller manger la soupe!

Sors de ton immobilité;
Décide-toi, l'heure s'avance :
Ton rôle de neutralité,
Autriche, est suspect à la France!
Plus d'un serment trahi par toi
Nous a prouvé que tu sais feindre...

AU PIANO.

Mais nos boulets savent atteindre
Tout peuple qui trahit sa foi!

Marchez encor, vaillante troupe;
Il faut frapper un plus grand coup :
Comme vos pères, à Moscou
Il faut aller manger la soupe!

A ta jactance mets un frein,
Prusse; tu sais ce qu'il en coûte!
Pour franchir de nouveau le Rhin,
Si le Français se met en route,
Malheur à toi! Je te prédis,
Si tu veux braver la tempête,
Qu'il te faudra courber la tête,
Quand nous serions un contre dix!

Marchez encor, vaillante troupe;
Il faut frapper un plus grand coup :
Comme vos pères, à Moscou
Il faut aller manger la soupe!

AU PIANO.

Oui, que le Turc se montre fort ;
Qu'avec nous marche l'Angleterre...
Et tous les souverains du Nord
Nous feront vainement la guerre !
Nos drapeaux, couverts de lauriers,
Prouveront, sur terre et sur l'onde,
Que de tous les soldats du monde,
Les plus vaillants sont nos guerriers !

Marchez encor, vaillante troupe ;
Il faut frapper un plus grand coup :
Comme vos pères, à Moscou
Il faut aller manger la soupe !

AU PIANO.

JE VEUX N'AIMER QUE VOUS.

Aveux charmants d'une bouche de rose
Ont dans mon cœur fait naître un doux émoi.
A votre amour faut-il croire...? Je n'ose...!
Un tel bonheur semble trop grand pour moi!
Vous avez dit, et mon âme, ravie,
Tressaille encore à ces accents si doux :
« Oui, je vous aime, et pour toute la vie,
  « Je veux n'aimer que vous...! »

Bois ombragés, vallons, charmant bocage,
Où si souvent elle égara ses pas;

AU PIANO.

Ruisseau limpide où sa riante image
Apparaissait avec ses frais appas;
Gentils oiseaux qui l'avez tant ravie,
Pour m'enchanter, ici répétez tous :
« Oui, je vous aime, et pour toute la vie,
 « Je veux n'aimer que vous...! »

De votre amour l'aveu sincère et tendre
Veut de ma part un sincère retour;
Jeune beauté, daignez ici m'entendre,
Je vais parler sans feinte, sans détour;
Devant ce Dieu, source de toute vie,
Ivre d'amour, je dis, à vos genoux :
« Oui, je vous aime, et pour toute la vie,
 « Je veux n'aimer que vous...! »

AU PIANO.

AVEUX.

—

A une Dame, jeune et belle, qui, dans une lettre charmante, racontait les jours heureux de son enfance.

Dans une nuit sereine, au sein de l'étendue,
Si ma vue
Se plaît à contempler les astres radieux,
C'est que je songe alors à ton charmant visage,
Et que chaque étoile est l'image
Fidèle de tes yeux.

AU PIANO.

Aux parfums qu'en nos bois le doux zéphyr soulève
      Si je rêve;
Si j'aime les senteurs que la rose répand,
Si j'aime de l'encens l'enivrante fumée.....
    C'est qu'une haleine parfumée
      De ta bouche s'épand.

D'un berceau de lilas sous l'odorante voûte,
      Si j'écoute
La voix du rossignol; si j'aime, au sein des bois,
Sa romance à la fois mélodieuse et tendre.....
    C'est que je crois alors entendre
      Ta ravissante voix.

Du zéphyr embaumé qui sur les fleurs se joue,
      Si ma joue
Aime le doux contact, le souffle velouté,
C'est que je crois sentir, ô douceur infinie,
    De ta lèvre à ma lèvre unie
      La douce volupté.

AU PIANO.

Sur le lac agité mollement par la brise,
   Si j'avise
Un cygne au col de neige, au port délicieux,
Je m'arrête enchanté, car soudain ma mémoire
  Me montre ton beau col d'ivoire
   Et ton port gracieux.

D'un lis à peine éclos, qui dans l'onde se mire,
   Si j'admire
L'albâtre réfléchi par l'azur du bassin ;
Si j'aime à contempler sa corolle si belle,
  C'est que je crois revoir en elle
   L'albâtre de ton sein.

Au papillon nacré, que chaque fleur convie,
   Si j'envie
Le bonheur de voler de la rose au jasmin,
C'est pour voler aussi, non pas de belle en belle.....
  Mais pour m'arrêter, plus fidèle,
   Sur ta petite main.

AU PIANO.

Courbé devant l'autel de la Vierge Marie,
   Si je prie,
Ce n'est pas pour que Dieu me comble de bienfaits ;
Je ne demande au Ciel ni grandeurs, ni richesse,
  Mais qu'il daigne exaucer sans cesse
   Tes vœux et tes souhaits.

Dans les chastes transports d'un amoureux délire,
   Si ma lyre
Chante de la beauté le type gracieux ;
C'est à toi que je songe, ô poétique femme.....
  Ce sont tes attraits que proclame
   Mon luth audacieux.

AU PIANO.

REMÈDE CONTRE L'IVRESSE.

—

Sur un baudet fier de sa charge,
Une fillette à l'œil hardi,
A la foire, un certain mardi,
Criait aux gens : « Arrière ! au large !
     « Allons, de grâce,
     « Un peu de place ;
« Rangez-vous, Messieurs, rangez-vous :
« Je vends un spécifique, un baume
« Qui vaut tout l'or de ce royaume.....
« Il n'est pas cher... combien...? Deux sous !

AU PIANO.

« Mon baume est une eau sans égale,
« Qui guérit... De quoi? direz-vous;
« Est-ce un remède pour les fous?
« Est-ce un onguent contre la gale?
  « Aux maux d'oreilles
  « Fait-il merveilles?
« Est-ce pour les dents, pour les yeux?
« Peut-il guérir de la chassie? —
« Inconnu dans la pharmacie,
« Mon remède existe en tous lieux!

« Cédant à votre impatience,
« Je vais montrer, dans un moment,
« Ce merveilleux médicament
« Tant prôné dans toute la France!
  « Rien n'est qui vaille
  « Cette trouvaille :
« Le roi seul m'a pris un tonneau
« De cette liqueur sans pareille...
« Et maintenant, prêtez l'oreille,
« Vous saurez ce que vaut cette eau!

AU PIANO.

« Ce que contient cette bouteille,
« Messieurs, vaut au moins dix écus;
« Ce n'est pas du jus de Bacchus,
« Ce n'est point du jus de la treille :
    « Tout au contraire,
    « Cette eau si claire,
« Objet d'horreur pour les gens gris,
« Sert à préserver de l'ivresse...
« Allons, Mesdames, qu'on s'empresse :
« Venez corriger vos maris !

« Avec chaque flacon, je cède
« A l'acheteur un prospectus
« Faisant connaître les vertus
« Et l'emploi de mon grand remède :
    « Achetez vite,
    « Car je vous quitte ;
« Achetez, vous serez ravis...
« Hâtez-vous, bientôt je détale,
« Je reviens dans la capitale ;
« Demandez, vous serez servis ! »

AU PIANO.

Toutes les femmes du village,
Menant par la main leurs marmots,
Se précipitent, à ces mots,
Demandant le puissant breuvage ;
  Dans l'escarcelle
  De la donzelle
Les sous pleuvent de toute part :
Sur le public, alors, la belle
De ses billets lance une grêle,
Prend son fouet, tape... et l'âne part !

Chargé de faire la lecture,
Le magister s'exprime ainsi :
« Messieurs, l'eau que je vends ici
« Est tout bonnement de l'eau pure ;
  « C'est la fontaine
  « La plus prochaine
« Qui m'a fourni cette boisson :
« Est-il rien de plus salutaire,
« Pour un ivrogne..., que l'eau claire ?
« Retenez bien cette leçon !!! »

AU PIANO.

IVRESSE.

A Madame Alphonsine G....

—

Quand je vois son œil noir, où l'amour se dévoile,
 Briller comme l'étoile
Qui guide le vaisseau sur les flots mugissants ;
La nuit, quand elle chante au milieu du silence,
Quand l'écho me redit sa joyeuse romance.....
 Le bonheur enivre mes sens !

AU PIANO.

Sous ce berceau touffu d'aubépine embaumée,
   Quand de ma bien-aimée
Je cherche avec ardeur les regards languissants ;
L'œil fixé sur son sein, que fait bondir la crainte,
De sa main quand ma main ressent la douce étreinte.....
   Le bonheur enivre mes sens !

Comment peindre l'émoi que j'éprouve auprès d'elle !
   De lui rester fidèle
Quand je fais le serment ; quand ces mots ravissants :
« **Mon cœur brûle pour vous d'une sincère flamme !** »
Quand cet aveu charmant s'échappe de son âme.....
   Le bonheur enivre mes sens !

AU PIANO.

AUX TROMPEURS.

—

Vainement vous jurez..... n'espérez pas me vaincre !
Vos accents ne sont pas ceux de la vérité :
Les vrais amants n'ont pas tant de témérité.....
Un peu moins de hardiesse aurait pu me convaincre.
L'audace rarement accompagne l'amour :
On devine un amant au trouble de son âme ;
Celui qui, sans rougir, ose peindre sa flamme.....
   Ne sait aimer qu'un jour.

AU PIANO.

C'est la seconde fois, vous venez de le dire,
Qu'ici vous me voyez, *et mes charmes puissants*
D'un éternel amour ont embrasé vos sens....
Votre cœur est en proie au plus ardent délire....!
Si votre cœur brûlait d'un véritable amour,
Tout me l'aurait appris, votre silence même ;
Celui qui sans émoi peut dire : « Je vous aime....! »
      Ne sait aimer qu'un jour.

Nous tromper, nous trahir...... c'est le rêve des hommes !
Pour atteindre ce but, rien n'est sacré pour eux :
« Je t'aime, disent-ils, ange venu des cieux ! »
Et souvent nous cédons, crédules que nous sommes !
Mais un simple regard, un soupir..... en amour,
Valent tous les grands mots d'une phrase sonore ;
Celui qui trop souvent nous dit : Je vous adore.....!
      Ne sait aimer qu'un jour.

AU PIANO.

ANACHRONISMES. [1]

Un jour, Catulle et son ami Properce,
Près d'un ruisseau, dans un lieu gracieux,
D'un vieux tonneau qu'on avait mis en perce
Sablaient le vin frais et délicieux :
Ah! qu'il fait bon dîner à la campagne!
Quel vin fumeux, s'écriaient-ils..... Encor,
Par Jupiter! encore du champagne!
Un tel nectar vaut bien son pesant d'or!

(1) A défaut d'autre air, on peut chanter ces couplets sur une chanson bien connue, dont le refrain est :

Dis-moi, soldat, dis-moi, t'en souviens-tu ?

AU PIANO.

Lorsque Varus, ce soldat sans cervelle (1),
Eut compromis le sort des légions,
Il fallut bien en donner la nouvelle,
En traversant de vastes régions.
Le même jour, dit l'historiographe,
Pendant qu'à Rome on s'enivrait d'espoir.....
On apprit tout, et c'est le télégraphe
Qui fit soudain régner le désespoir !

Avec Jacob, dans la terre promise,
Piteusement s'en allaient les Hébreux,
Sans eau, sans pain, sans souliers..... en chemise,
Quand au vieillard, un des plus vigoureux :
« Bénissez-moi, je vais en Amérique,
« Pour y chercher ou fortune ou trépas.....!
« Mon père, adieu....! » Jacob alors réplique :
« Va, mon enfant..... que Dieu guide tes pas! »

---

(1) C'est en l'an 9 après Jésus-Christ que Varus fut vaincu avec trois légions par les Istewungs confédérés. Les barbares étaient sous la conduite d'un chef nommé Arminn, dont on a fait Herminius.
Voir l'Histoire de M. Henri MARTIN, tom. 1ᵉʳ.

AU PIANO.

Un magister romain, dans son école
(César alors revenait triomphant),
Interrogeait chacun à tour de rôle :
« A vous! dit-il, désignant un enfant......
« Des conquérants, dites-nous qui l'emporte,
« A votre avis, dans tout le genre humain ? »
Au magister soudain, d'une voix forte :
« Napoléon.....! » répondit le gamin. .

Après avoir aux Grecs pris maintes villes,
Un roi suivi d'innombrables soldats (1),
Au défilé qu'on nomme Thermopyles,
Arrive enfin devant Léonidas.
Trois cents guerriers défendent le passage ;
On fond sur eux..... mais, sans rompre d'un pas,
Chacun des Grecs répète avec courage :
« La Garde meurt, elle ne se rend pas ! »

---

(1) Suivant les historiens, Xercès conduisait avec lui une armée très-considérable.

AU PIANO.

De ses soldats, des enfants de Carthage,
Prêts à livrer un combat furieux,
Pour ranimer l'ardeur et le courage,
Annibal dit, en désignant les cieux :
« Nous les vaincrons; soldats, bonne espérance!
« Nos étendards par le ciel sont bénis....! »
Les siens alors courent à la vengeance,
En s'écriant : Montjoie et Saint-Denis!

Caton le Jeune, enfermé dans Utique (1),
De ses amis ayant appris le sort,
Désespérant de la chose publique,
Fait le projet de se donner la mort.
Mais le remords, à son heure dernière,
Porte en son cœur et le trouble et l'émoi :
« Seigneur, dit-il, exaucez ma prière !
« Divin Jésus..... ayez pitié de moi.....! »

---

(1) Les historiens donnent souvent à Caton d'Utique le nom de Caton le Jeune, pour le distinguer de Marcus Caton, celui qui, dans le sénat, n'opinait jamais sans dire : « Et je suis d'avis qu'on détruise Carthage. »

AU PIANO.

Un gros ballon, tout gonflé d'hydrogène,
Descend auprès du palais de Néron;
C'était un jour de combats dans l'arène.....
Le populus s'assemble et fait le rond :
« Hardi mortel, qui parcours l'atmosphère,
« Quel est ton nom ? » dit l'empereur surpris.
— « Mon empereur, répond l'homme à la sphère,
« Je suis Blanchard (1), et je viens de Paris! »

Quand par Luther, ce moine atrabilaire,
Peuples et rois, on vit tout entraîné,
« Que ferons-nous, dit le Pape en colère,
« Pour renverser ce sectaire effréné?
« De ce projet j'entends que l'on s'avise....
« Qui prendrons-nous pour guérir tous ces maux? »

---

(1) Blanchard (Nicolas) est très-connu par ses voyages aérostatiques. Sa plus célèbre ascension est celle qu'il fit, le 7 janvier 1785, avec le docteur Jeffries. Ils allèrent de Douvres à Calais. Mme Blanchard, qui, comme son mari, fit plusieurs grandes ascensions, périt victime de la dernière à Tivoli, en juillet 1819.

AU PIANO.

— « S'il faut choisir un père de l'Eglise, »
Dit un curé..... « prenons l'aigle de Meaux (1) » !

De Rome à peine on exilait Camille
Qu'on vit venir d'innombrables Gaulois ;
Le Brenn s'élance, et, maître de la ville,
Dicte au sénat d'impitoyables lois.
Camille rentre, au sein de ces alarmes ;
Il entend dire au Brenn : Tuons ! pillons !
« Romains, dit-il alors, prenez vos armes ....
« Qu'un sang impur abreuve nos sillons.....! »

Un jeune Grec appelé Zénocrate,
Dans un combat, presque mort fut laissé ;
On fait venir le célèbre Hippocrate.....
« Il faut, dit-il, amputer le blessé ;

---

(1) *L'aigle de Meaux*, expression consacrée en parlant de Bossuet.

AU PIANO,

« Qu'on le transporte à l'ombre, sous cet orme....
— « Quoi ! l'amputer....! dit-on ; faible à ce point...!
— « Rassurez-vous, j'ai pris du chloroforme, »
Dit Hippocrate.... « il ne souffrira point....! »

C'est assez rire..... assez de persifflages ;
Muse, un instant retenez vos grelots ;
Tant de Français, sur de lointaines plages,
D'un noble sang, hélas ! versent des flots !
Ne rions plus, Muse, soyons plus graves
Quand le trépas frappe tant de guerriers !
Chantons plutôt la gloire de nos braves.....
Chantons la France et ses nobles lauriers (1) !

(1) Ces couplets furent composés avant la prise de Sébastopol.

AU PIANO.

SI VOUS VOULIEZ.

A Madame L.... H.......

—

Si vous vouliez être moins inhumaine
Pour un amant de vos charmes épris,
Un simple mot de vous, un doux souris
Saurait bannir de mon cœur toute peine;
    Dans vos regards, plus de mépris;
    Dans votre bouche, plus de haine.....
      Si vous vouliez!

AU PIANO.

Si vous vouliez, le chagrin qui m'oppresse
Serait détruit par vos regards charmants ;
Si vous vouliez, aux plus affreux tourments
Succéderait une vive allégresse ;
    Je serais, parmi les amants,
    Un vrai modèle de tendresse.....
      Si vous vouliez !

Si vous vouliez, ce cœur qui désespère
Avec orgueil accepterait vos fers ;
Je vous suivrais au bout de l'univers ;
Seul avec vous mon sort serait prospère :
    En moi toujours, dans les revers,
    Vous trouveriez un tendre frère.....
      Si vous vouliez !

AU PIANO.

AUTANT EN EMPORTE LE VENT.

Avis aux Dames.

———

D'amour pour vous je brûle; je m'enivre
De volupté quand je vois vos appas!
Il me faut votre cœur, Madame, ou le trépas!
Il me faut votre cœnr..... sans lui je ne puis vivre!

Ainsi, pour vous tromper, Mesdames, bien souvent
De faux adorateurs vous peindront leur délire;
Ne vous y fiez pas..... sachez plutôt leur dire :
« Autant en emporte le vent! »

AU PIANO.

Depuis trois ans à vous seule je rêve !
Depuis trois ans pour vous je meurs d'amour !
Vos traits charmants m'apparaissent le jour.....
Je vous vois près de moi, la nuit, dans chaque rêve !

Ainsi, pour vous tromper, Mesdames, bien souvent
De faux adorateurs vous peindront leur délire ;
Ne vous y fiez pas..... sachez plutôt leur dire :
« Autant en emporte le vent ! »

Pourquoi douter de l'ardeur qui m'enflamme ?
Mes yeux ont dû vous dire mille fois
De votre amour que j'ai subi les lois ;
Que je brûle pour vous d'une sincère flamme !

Ainsi, pour vous tromper, Mesdames, bien souvent
De faux adorateurs vous peindront leur délire ;
Ne vous y fiez pas..... sachez plutôt leur dire :
« Autant en emporte le vent ! »

AU PIANO.

Nulle sur vous ne l'emporte, Madame.....
Esprit, beauté, je trouve tout en vous!
Accordez-moi, de grâce, un rendez-vous!
Que je puisse, à vos pieds, ouvrir toute mon âme!

Ainsi, pour vous tromper, Mesdames, bien souvent
De faux adorateurs vous peindront leur délire;
Ne vous y fiez pas..... sachez plutôt leur dire :
« Autant en emporte le vent! »

Pour triompher de votre indifférence,
Je fais sans cesse un inutile effort;
Rien ne vous touche, et dans mon triste sort,
Je n'attends que la mort... c'est ma seule espérance!

Ainsi, pour vous tromper, Mesdames, bien souvent
De faux adorateurs vous peindront leur délire;
Ne vous vous y fiez pas..... sachez plutôt leur dire :
« Autant en emporte le vent! »

AU PIANO.

GUERRE AUX LORGNONS.

—

D'où vient qu'aujourd'hui la jeunesse
Ne voit plus clair dès le berceau ?
Autrefois, seule, la vieillesse
Portait lorgnon..... Un jouvenceau
N'aurait pas osé, je le pense,
Mettre à son œil un instrument
Qui ne peut que nuire à l'enfance.....
C'est un progrès, apparemment....!
Pour peu qu'un marmot se respecte,
De nos jours, il se croit perdu,
A sa poitrine s'il n'affecte
D'avoir un lorgnon suspendu !

AU PIANO.

Est-ce un besoin ? De père et mère
Tenons-nous cette infirmité ?
J'ai beau chercher, je n'y vois guère
Qu'une affaire de vanité !
Porter lorgnon, cela s'appelle :
Savoir son monde, avoir bon ton !
Passe-t-il une demoiselle,
Vous la lorgnez sous le menton !
Vous dit-on bonjour dans la rue,
Vous clignotez : « Ah ! quel guignon
« D'avoir aussi mauvaise vue..... »
Et l'on donne un coup de lorgnon !

Grâce au lorgnon, chacun peut dire :
« Je travaille matin et soir ;
« Aussi, de loin je ne puis lire,
« A deux pas je ne puis rien voir ! »
Mais ce n'est qu'un affreux mensonge,
Car la jeunesse ne fait rien !
Au travail autant elle songe,
Qu'un voleur à faire le bien !

AU PIANO.

Cette jeunesse libertine,
Pleine de défauts et d'orgueil,
Croit que, pour avoir bonne mine,
Il faut porter lorgnon sur l'œil!

Je connais de très-bonnes têtes,
Je connais de bons avocats,
Qui ne portent pas de lunettes,
Et qui de lorgnon n'usent pas;
Plusieurs médecins que j'honore,
Quoique déjà cassés et vieux,
Pour lire, se servent encore
Comme vous et moi de leurs yeux.
Mais du lorgnon l'horrible usage,
Depuis peu chez nous est venu;
C'est un des vices de notre âge,
Nos pères ne l'ont pas connu.

Plus tard, nous donnerons peut-être,
(Car chaque jour nous rend plus fous)

AU PIANO.

Aux enfants qui viennent de naître,
Des lorgnons au lieu de joujoux.
Si bien, qu'à l'âge où l'œil, sans doute,
Doit être plein d'intégrité,
Nos garçons ne verront plus goutte,
Etant atteints de cécité !
De ce fait, une conséquence
Me paraît facile à prévoir !
C'est que nos femmes, par vengeance,
Nous ferons prendre blanc pour noir !

Plus de travers, folle jeunesse !
Laissez le ridicule aux sots !
Attachez-vous à la Sagesse :
Elle peut calmer bien des maux !
Combien frêle est notre machine !
Un rien vous met un homme à bas !
Pourquoi donc hâter sa ruine ?
Pourquoi donc hâter son trépas ?
Amendez-vous..... plus de bévue.....
Quel bien vous en reviendrait-il....?

AU PIANO.

Tenez surtout à votre vue,
C'est important....! Ainsi soit-il!

Je ne fais point ici de personnalités... Je respecte tous ceux pour qui le lorgnon est un besoin; mais j'ai souvent entendu dire à des jeunes gens que le lorgnon n'était pour eux qu'un genre! Ce sont ces derniers que je raille; c'est à eux que s'adresse cette satire.

TABLE.

―

	Pages.
Je sens que je vous aime.......................	1
Ne venez pas.................................	4
La lune de miel...............................	6
Bouche rose et blanches dents..................	10
La pauvre enfant..............................	13
Au diable mon mari............................	16
La Perle de Grenoble..........................	19
Ma pauvre mère...............................	24
Tohu-bohu	28
Sur le rivage.................................	33
Au cygne de la terrasse.......................	37
Un homme comme on en voit beaucoup............	41

	Page
Hélène	44
Les cœurs de trente ans	48
Un jeune fat	51
A ce soir	54
Toujours, jamais	58
Pauvre vertu	62
Le printemps	66
Mon cœur est tout à vous	71
L'impôt des chiens	74
Mendiante et princesse	80
Si vous m'aimiez comme autrefois	83
Au bivouac	86
Je veux n'aimer que vous	92
Aveux	94
Remède contre l'ivresse	98
Ivresse	102
Aux trompeurs	104
Anachronismes	106
Si vous vouliez	113
Autant en emporte le vent	115
Guerre aux lorgnons	118

FIN

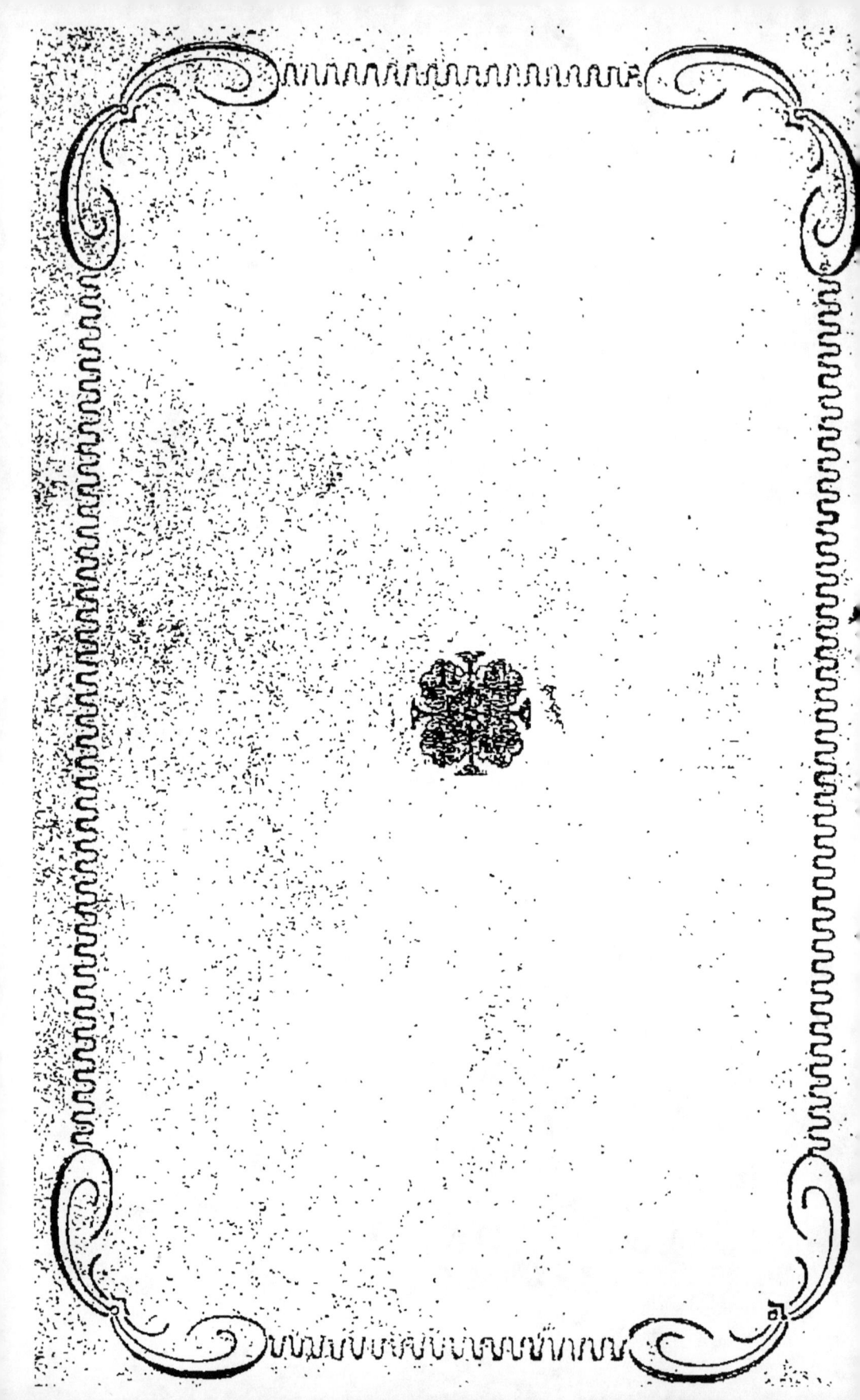

www.ingramcontent.com/pod-product-compliance
Lightning Source LLC
Chambersburg PA
CBHW060155100426
42744CB00007B/1044